Brigitte Kaiser

WOARM VU DA SUNN

Lyrik

SPRACH:BILDER, Band 6

Brigitte Kaiser
WOARM VU DA SUNN
Lyrik
SPRACH:BILDER, Band 6

Herausgegeben von: Verlag am Rande

© Verlag am Rande
A-4621 Sipbachzell
T: 0043 664 7503 7100
office@verlag-am-rande.at
www.verlag-am-rande.at

ISBN: 978-3-903190-11-5

1. Auflage November 2018
Layout: Marlene Schanz, www.lauserbande.com
Druck: Totem, www.totem.com.pl/de
Covergestaltung: Wolfgang Maxlmoser
Autorinnenfoto: Johann J. Gruber

Brigitte Kaiser

WOARM VU DA SUNN

Lyrik

SPRACH:BILDER, Band 6

Verlag am Rande

fian clemens corus

der gaunz vü aufgweckt håd

Inhalt

...na öda
...nd oiwei wenig...
öb i zan sågn

dass i bi
und maunchn
wås dua
is mehr ois

es herbstlt schau

i wia öda
und oiweu weniga
håb i zan sågn

dass i bi
und maunchmoi
wås dua
is mehr ois gnua

håb ned vagessn
dass nu
a gaunz jungs herz
in mir schlågt
des gspian wü
wia da wind
se aufüht
auf da haut

håb ned vagessn
dass in dera wöd
a musi is
de klingt
ois hätt s'
da herrgott
zu uns gschickt

håb ned vagessn
dass ma's lebm
a schmeckn
riacha
daunzn kau

drum
faung i au

es herbstlt
scho a weng
bei mir

a saunfta schleia
legt se üba ois

wås wichtig is
fias weidageh
is in mir drin

maunchmoi kau
i ned segn
wo i geh soid
so finsta is wordn
umadum

daun bleib i steh
und woart

auf oamoi
wird's kloar
und i trau mi

i måch
meine augn
oafåch auf

i måg nur redn
waun i di siach
sunst vaschwindt
wås i moan
waun i ned siach
wia's aukummt

waun's radl
amoi rennt
kau i's nimma
dabremsn

es denkt se
va söwa
weida
im kopf

waun daun
neamd då is
der mi oafåch
gaunz fest hoit

kråch i meistns
an d'waund

du kummst
ned gaunz z'recht
mit dem wiar i bi
wås i dua oda ned
's is ned gaunz rund
du eckst a weng au
du wissast so vü
wås i bessa duan kau

i håb då a kastl
mit gaunz vü poar schuach
suach da oa aus
schliaf eini und geh
a weng weida
fia mi

i bleib daweu
boarfuaß
fest auf da erd

foit a jungs vogal
aus'm nest
greif's ned au
sunst deafs
nimma zruck

vielleicht
håb i
a so an
fremdn gruch
an mir

i bin so valoarn
in der großn wöd
i kenn mi ned aus
drah mi nua um mi söbm
i siag nimma kloar
gspia ned wer i bin
schau nua in an nöwe
und ålles vaschwimmt

i treib umadum
in an meer volla geista
de måchn ma aungst
de kreun ma so zuwa
de wiargn mi im hois
de nehman ma d'luft

in mia is gaunz eng
då is goa koa plåtz
und i bin gaunz leer

nix riaht mi mehr au
i bin gaunz aloa
und fiacht mi vor mia

bist du a so valoarn
in dera wöd
kennst du di nu aus
kaunst du mi nu seng
traust du mir wås zua
riah i di nu au

daun måch a weng plåtz
und vascheich ma di aungst

mittn in mir
is a feiaschoin

maunchmoi
vagiss i
zan nåchlegn

hiatn alloa
is ned gnua

i kunntat so vü
und muass åwa ned

i denk ma wås aus
und måchs daun
gaunz aundas

i sperr mi
söwa
nimma ei

auslåssn
sågn ålle zu mir

festhoidn
muass i mi

sunst foi i
in a gaunz
a schwoarz's loch

wåssa am ßeh

l laungsaum z

bl kunnt i ma

lass i umigeh

zu dir

de mauna

hoin schau

en eisstock

van kölla

endwa

i warm mi

des wåssa im teich
friat laungsaum zua
jetzt kunnt i ma trau
dass i umigeh
zu dir

de mauna
hoin schau
en eisstock
van kölla

irgendwaun
trågts

i dad da gern sågn
dass i di måg
dass i mi måg
waun du då bist

i dad di gern nehma
und druckn
und liabm

åwa i drau ma ned
weu i drau da ned
weu i drau mia ned

wer woaß
wås gschiacht
waun i di nimm
und druck
und liab

oiweu suach i's glück
und auf amoi liegt
a håslnusszweig
in meine händ

maunchmoi
warm i mi
an dem
wås i gspia
fia di

schreib ma
de buachståbm
fest auf mei haut
gib ma koa schauns
dass i s'bring durchanand
dass i s'zuadeck
vadrah

druck s'oafåch eini
und irgendwo drin
vasteh i daun
wås d'ma sågn wüst

mia san
wia wåssa und hümme
hümme und wåssa
und waun ma
uns umadumdrahn
an an bsundas schen tåg
wiss ma nimma
wer wås is

hümmewåssa
wåssahümme
oafåch oa blau

i tauch ei in des blau
deine aung san des meer
des koa end håd
des mi ruaft
übaroit und vaschluckt
wieda ausspeibt
des mi trågt
gaunz weit aussi
gaunz tiaf eini
in des blau
des se triafft
mit mein hümme
der mi aufmåcht
der mi groß måcht
der mi schau låsst
in a wöd
de ma fremd is

in de i eintauch
wia ins meer
des so blau is
und i schau
und i siag
und i geh
in a wöd
wo i aukum

du bist mei liab
und mei lebm
mei fösn im wåssa
bist mei bam
und mei woid
mei haus
und mei blia
mei meer
und mei erdn
mei aunka
mei hümme
bist ois wås i wü

und i
wia gaunz stüh

i lieg nebn dir
mei haund liegt in deina
mehr gibt's ned zan sågn

es gibt nix mehr zan sågn
mei haund liegt in deina
i lieg nebn dir

wauns stimmt
in mir bei dir
in dir bei mir

daun glaungt koa wort

los'

so stüh
woa nu nia
a liad

oiweu weniga wird
wås i wü
oda brauch

mei liab
zu dir
is häufdi
gnua

so vü
geista und stimmen
gschaftln in mir
und måchan
se wichtig

i kumm
gaunz durchanaund

daun
kummst du
und se haum
nix mehr zan sågn

mia gengan am båch
i siag uns am straund
du schaust mi au
und da schnee
schaut schau åba
vum berg

s wås du sågt
s wia a wöbn
de kummt
und se zruck
und se zruck

i bleib
und suach
in dem
wås du såg
meer

i gfria

des wås du sågst
is wia a wöhn
de kummt
und se zruckziagt

i bleib
und suach
in dem
wås du sågst
des meer
des mi trågt

mei valaunga
bleibt eipåckt
wia mei koffa

volla zurn
måch i
de tia auf

mia schaun
uns au

und ois
geht auf

waun ma
mei liab
zu dir
nimma
mei liab
zu mir
vastöht

muass i woana
üba mi
weu i
vagessn håb
wer i bi

i gfria
richtig ei
die luft bleibt ma weg

wås gspiast du
wia denk i
wås låsst uns so doa

wia kau denn des sei
dass mia zwoa
uns so weh dan

du måchst di so kloa
du duckst di so åwi
wia da hund
der se fiacht
vor de schläg
vo seim herrn

du bist nimma gråd
ned kloar und ned ehrli
du windst di
und drahst di
wia a fahnl im wind

wås is denn då los
wås håd so a måcht
dass du di so fiachst

vielleicht tram i
vielleicht siag i wås foisch
vielleicht bin i blind
vastockt
vadraht
vawirrt

des geht in mein kopf ned eini
scho goa ned ins herz
des nimmt ma de luft
des låsst mi dastickn
dasaufn
dafrian

i kau des ned glaubm
i wü's a ned seng

vielleicht is a oibtram
vielleicht åwa oafåch
de wöd wia s'is

koit is de stubm
im bett liegt a lug
a messa am tisch

ångricht is

da gusta
vageht

a weng a gschirr
håb i eipåckt
a gwaund
meine biacha
a büd vo de kinda

und i håb mi
nimma umdraht

es gibt
so finstane
stön in mir

då håd
amoi wer
a schwoarz
einipåtzt

maunchmoi
farbt's durch

übaroi auf da wöd
so vü mauna
in an schen
schwoarzn gwaund

a weng greßa
a weng stärka
a weng wichtiga
soitns sei

daun miassadn
daun brauchadn
daun dadn
se se ned so fiachtn
vor de fraun

waun i siag
wås umadum
gschiacht

fråg
i mi oft

wer denkt
se des aus
wer denkt
se då nix

vi

ed fia imma

då sei

pål in da nå

de stoana

woam

da sun

ned fia imma

's is ned mehr
ois oamoi schnaufn

an schoita druckt
ois is hö

's is ned mehr
ois oamoi schnaufn

setzt dein fuaß richti
bist am güpfe
steigst danebm
kaunst gaunz tiaf foin

's is ned mehr

des lebm woa gaunz ruhig
wias hoid so lauft
a bissl a glick
a bissl a pech
då kennt ma se aus

und auf oamoi
foid oafåch de tia in des haus
es håd se neamd augmöd
es håd a neamd auklopft
und koana håd gfrågt
ob wea wü
oda zeit håd

åwa gach is ois aundas
irgendwås mit da uhr
kaputt is des pendl
und überoi saund
es rennt nix mehr rund
ma kauns goar ned glaubm
ma reibt se de aung
siacht trotzdem ned kloar

ma vagisst wås de leit sågn
ma vagisst glått aufs essn
aufs tringa und denga
ma steht netta nu då
und schaut auf de uhr
ob s'denn nu tickt
und ma greifat gern hi
zu dem zoaga
und zoagat eahm gern
wås a austöht

åwa ma steht
und ma schaut
und ma duat
wås zan doa is
so laung
bis ois stüh is

red mit mir
wia des sei soid
wia des sei wird
waun du sterbm muasst
red mit mia

i wü wissen
wia des sei wird
wia des sei soid

i wü då sei
waun du sterbm muasst
wü i då sei

måch de augn auf
måch dein mund auf
dua ned so
ois wa des ned
ois gabs mi ned
ois miassatst ned
ois dadast ned
sterbm

koa mensch
deaf alloa sei
waun a geh muass
då ummi
då eini
då aussi vielleicht

waun du geh muasst
und ned woasst
wia da gschiacht
waun du aungst håst
werd i då sei
und mei haund
is des brickal
auf dem du geh kaust

a waun ma gaunz kloa san
unta de sterndl am hümme
nur a teu vu dem gaunzn

maunchmoi san ma ois
maunchmoi san ma groß

und mia schaun und mia dengan
mia gspian und mia liabm
san a wöd in da wöd

weu ma frei san zan denga
zan gspian und zan liabm
weu ma schaun in den hümme
wo jeds sterndl sein plåtz håd

des aißaste vo dir
suacht
des innaste vo mir

mia san gmåcht
nåch an
göttlichn vorbüd

fia jeds bleamal
des's schåfft ins liacht

fia jedn tåg
an dem d'sunn wieda aufgeht

fia ålle de menschn
de gråd san und kloar

knia i mi nieda

åwa i knia mi ned nieda
vor oan
der valaungt
dass i niedaknia
und såg
dass i ned „würdig" bi

då miassad i liagn

wauns an gott gibt
is der guat und barmherzig
er versteht wås ma dan
warum ma san wia ma san
er måg uns und nimmt uns
gaunz oafåch so au

då muass si neamd opfan
dafia muass neamd stearbm

und waun er an buam håd
muass der ned auffi aufs kreiz
damit mia erlöst san

wauns an gott gibt
is der guat und barmherzig

da hümme bleibt

vielleicht de bam
de i gsetzt håb

a weng wås
vo dem
wås i eich såg

mei kråft
mit der i eich
zuwadruck

mei haund
auf eichana haut

und es bleibt
des meer

des meer
voi wärme
des i fia eich håb

ned oiwei
und ned fia imma
werd i då sei

åwa spåt in da nåcht
san de stoana
nu woarm
vu da sunn

Vo mia gibt's schau:

ich bin die königin dieser nacht,
ISBN 3-901535-67-5, edition innsalz

Das Erschrecken der Geranien.
Erzählung, ISBN 978-3-902616-95-1,
edition innsalz

Nur ein Wimpernschlag.
Gedichte, ISBN 978-3-902981-93-6,
edition innsalz

Leben oder Überleben.
Menschen im Waldviertel 1945,
ISBN 978-3-903126-01-5, edition innsalz

Brigitte Kaiser

Hoamatlos leb i gaunz in da Mittn
vo an rundamundum schen Hoamatlaund.

Drei wundaboare Kinda san ma gschenkt,
a Mama, a Bruada, zwoa Schwestern, a Freindin
dazua nu a Mensch, den i gern håbm kau.

In da Schui såg i de Kinda,
dass da Herrgott se gern håd,
oiweu und fia imma,
gaunz gleich, wås se dan und wer s'san.

I måch Biacha
und gib dem, wås de Leit schreibm
a recht a schens Gwaund.

So bin i gaunz zfriedn
mit dem, wås i doa dearf
und mit dem, wo i bin.

Brigitta Huemer

**GEDANKEN
AN ROT**

Lyrik

Verlag am Rande

Brigitta Huemer
GEDANKEN AN ROT

Lyrik
SPRACH:BILDER, Band 3

Poesie, die sich dem Unsagbaren verpflichtet. Eine,
die auch das Dunkle nicht scheut, die präzise auf das
Innerste zielt. Der Liebe konsequent auf der Spur.
Immer dem Leben im Wort. Gedichte, die zur Tiefe
gehen, die Risse ausleuchten und dabei an der Hand
nehmen.Enthülltes Sein. Ein Fingerzeig der Hoffnung.

„ **EIN LAUT NUR**

Von weit her, ein Name.
Und das rot-dunkelnde Wort.
Ein verschrecktes Tier,
geduckt kauernd
in den Rissen.

Ein Laut nur und meine
Hände flüstern wieder
in der frivolen Nabelung
deines Kinns.

Die Sprache ist ein Fänger –
das Chamäleon der Liebe.“
"

Informationen und Bestellung:
www.verlag-am-rande.at

SPRACHBILDER 4

Emma Lenzi

WAS HEISST
SCHON ALLTAG

Verlag am Rande

Lyrik

Emma Lenzi
WAS HEISST SCHON ALLTAG

Lyrik
SPRACH:BILDER, Band 4

Erlebtes, Widerfahrenes, Gestaltetes, scheinbare
Wiederholungen und uns Neues, ganz Fremdes
– das alles und mehr macht aus, was wir Alltag nennen.
Mit diesem Buch durfte ein Jahr ins Wort kommen.
In 48 Gedichten und 12 Schriftbildern wurde ihm ein
„Wortmal" gesetzt.

„
als legten nebelschwaden sich
über stunden
entgleiten tage unbemerkt

im miteinander anderntags
verdichten zu
zeitaltern sich momente"

Informationen und Bestellung:
www.verlag-am-rande.at